Dinosaurios por diseño

LOS DINOSAURIOS PICO DE PATO

CLASIFICACIÓN POR VELOCIDAD, FUERZA E INTELIGENCIA

MARK WEAKLAND

BLACK RABBIT BOOKS

Bolt es una publicación de Black Rabbit Books
P.O. Box 3263, Mankato, Minnesota, 56002.
www.blackrabbitbooks.com

Jennifer Basel, editora;
Catherine Cates, diseñador del interior;
Grant Gould, diseñador del exterior;
Omay Ayres, investigación fotográfica
Traducción de Travod, www.travod.com

Información del Catálogo de publicaciones de la Biblioteca del Congreso
Names: Weakland, Mark, author.
Title: Los dinosaurios pico de pato : clasificación por velocidad, fuerza e inteligencia / por Mark Weakland.
Other titles: Duck-billed dinosaurs. Spanish
Description: Mankato, Minnesota : Black Rabbit Books, [2020] | Series: Bolt. Dinosaurios por diseño | Audience: Age 8-12. | Audience: Grade 4 to 6. | Includes bibliographical references and index.
Identifiers: LCCN 2018053567 (print) | LCCN 2018056534 (ebook) | ISBN 9781623102197 (ebook) | ISBN 9781623102050 (library binding)
Subjects: LCSH: Hadrosauridae--Juvenile literature.
Classification: LCC QE862.O65 (ebook) | LCC QE862.O65 W43418 2020 (print) | DDC 567.914--dc23
LC record available at https://lccn.loc.gov/2018053567

Impreso en los Estados Unidos de América

Créditos de las imágenes

Alamy: De Agostini Picture Library, 20-21; Universal Images Group North America LLC / DeAgostini /, 22–23; commons.wikimedia.org: Zissoudisctrucker, 6; jameskuether.com: James Keunther, 12, 24–25 (dino); Masato Hattori: 4–5; nsf.gov: James Havens / National Science Foundation, 26–27; Science Source: Kurt Miller, 19; Shutterstock: 90miles, 13, 21; Arcady, 29 (escamas); Catmando, 3, 7 (c), 10–11 (dino), 17 (ambos), 28 (i y d); Giedriius, 10; Herschel Hoffmeyer, 11 (fondo), 14–15 (fondo), 24 (fondo); Kirasolly, 8–9; Linda Bucklin, 1; Lukas Uher, 16 (p); Michael Rosskothen, 7 (p), 16 (c); severjn, 28 (tapa); Skreidzeleu, Cover (fondo); Warpaint, Cover (dino), 14–15, 31, 32

CONTENIDO

CAPÍTULO 1

Picos de pato por MONTONES

El sol se pone mientras una **manada** de dinosaurios pico de pato se alimenta de plantas. Dos jóvenes se persiguen entre ellos. La madre los observa en silencio.

Los científicos han encontrado muchos **fósiles** de estos enormes animales. A finales del período **Cretácico**, había muchos dinosaurios pico de pato. De hecho, había más dinosaurios pico de pato que de cualquier otro tipo de dinosaurio.

Definitivamente no son patos

Los Hadrosaurios obtuvieron el apodo de "pico de pato" por su apariencia. Sus bocas se parecen al pico de un pato. Pero mayormente, los dinosaurios pico de pato no se parecían en nada a los pájaros. Sus colas eran rígidas. Sus labios eran duros, no flexibles como el pico de un pato. Además, tenían dientes. Los usaban para triturar las plantas duras que comían.

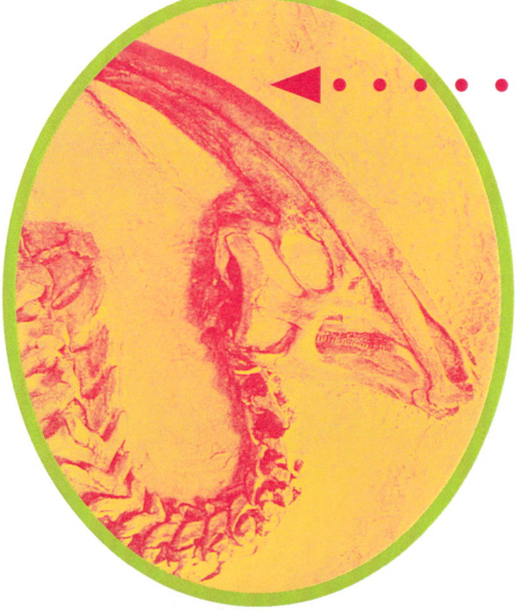

Dinosaurios crestados

Los dinosaurios pico de pato se pueden clasificar en dos grupos. Un grupo tenía crestas. El otro grupo no.

Algunos científicos piensan que los dinosaurios soplaban aire hacia sus crestas. Habrían hecho sonidos fuertes y estridentes.

Los sonidos probablemente advertían a otros dinosaurios que había cerca un depredador.

Las crestas estaban hechas de hueso.

EN BUSCA DE DINOSAURIOS PICO DE PATO

Los científicos han encontrado fósiles de dinosaurios pico de pato en todo el mundo.

KAZAJISTÁN
MONGOLIA
CHINA

Comparemos a los DINOSAURIOS

Maiasaurio

Maiasaurio significa "buena madre lagarto". Los científicos encontraron fósiles de huevos y crías junto con huesos de adultos. También encontraron excrementos fosilizados en las cercanías. El excremento tenía trozos de madera. Los trozos dan pistas sobre qué plantas comía este dinosaurio.

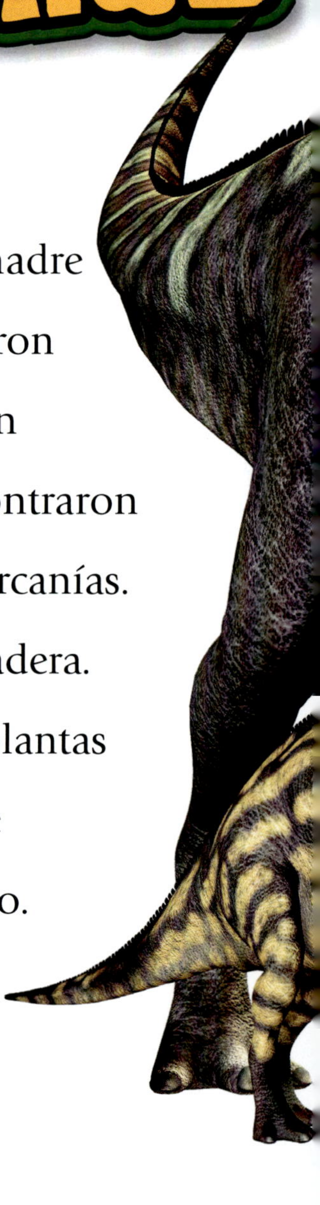

DATOS DESTACADOS

LONGITUD	alrededor de 30 PIES (9 METROS)
PESO	hasta 6.000 LIBRAS (2.722 KILOGRAMOS)

VIVIERON hace unos 80 a 75 MILLONES DE AÑOS

Los científicos encontraron un fósil de Edmontosaurio con marcas de dientes de un Tiranosaurio rex en él.

Edmontosaurio

El Edmontosaurio pastaba sobre sus cuatro patas. Mordisqueaba arbustos y árboles como si fuera un ciervo gigante. Se movía lentamente. Y siempre estaba atento. Podía haber un depredador justo del otro lado de la colina.

DATOS DESTACADOS

LONGITUD
30 a 44 pies
(9 a 13 m)

PESO
hasta 7.000 libras
(3.175 kg)

VIVIERON
hace unos 76 a 65 millones de años

Lambeosaurio

El Lambeosaurio es conocido por su cresta en **forma** de hacha pequeña. Los científicos no están seguros de cómo usaban sus crestas estos dinosaurios. Las crestas quizás sirviesen para hacer sonidos. Algunas personas piensan que la cresta ayudaba a su sentido del olfato.

DATOS DESTACADOS

LONGITUD	alrededor de 30 PIES (9 M)	VIVIERON hace unos 76 a 74 MILLONES DE AÑOS
PESO	alrededor de 10.000 LIBRAS (4.536 KG)	

La boca del Lambeosaurio tenía al menos 100 dientes. Como todos los dinosaurios pico de pato, desgastaban los dientes moliendo las plantas. Les crecían nuevos dientes a medida que se les caían los viejos.

¡DEPREDADORES!

Los dinosaurios pico de pato tenían que cuidarse de estos depredadores.

TIRANOSAURIO REX

GORGOSAURIO

DASPLETOSAURIO

ALBERTOSAURIO

Parasaurolofus

El Parasaurolofus es conocido por su enorme cresta. Este dinosaurio soplaba aire a través de su cresta. El sonido puede haber sido como una **sirena para niebla**.

Como muchos dinosaurios pico de pato, este dinosaurio se levantaba sobre sus patas traseras para alcanzar la comida. También podía correr en dos patas. Correr rápido lo ayudaba a escapar de los hambrientos carnívoros.

DATOS DESTACADOS

PESO	LONGITUD	VIVIERON
hasta 8.000 libras (3.629 kg)	30 a 35 pies (9 a 11 m)	hace unos 76 a 74 millones de años

Su cresta era más larga que un palo de hockey.

Bactrosaurio

El Bactrosaurio vivía en los bosques de lo que hoy es Asia. Tenía una línea de espinas en su columna vertebral. Nadie sabe para qué eran las espinas.

DATOS DESTACADOS

PESO
alrededor de 3.000 libras (1.361 kg)

LONGITUD
alrededor de 20 pies (6 m)

VIVIERON
hace unos 84 a 71 millones de años

Coritosaurio

Como muchos dinosaurios pico de pato, los científicos creen que los Coritosaurios vivían en manada. Los miembros del grupo comían y dormían juntos. Viajaban juntos. Los grupos grandes estaban mejor protegidos de los depredadores.

Los científicos creen que el Coritosaurio **migraba**. Usaban sus crestas para hacer un sonido de bocina. Los sonidos ayudaban a los miembros a permanecer juntos.

El Shantungosaurio tenía
1.500 dientes diminutos.

Shantungosaurio

El Shantungosaurio fue probablemente el dinosaurio pico de pato más grande que haya existido. Pero aparte de su tamaño, era como la mayoría de los demás dinosaurios pico de pato. Tenía largas patas traseras. Su cola era rígida. Comía plantas. Para protegerse, vivía en manadas.

DATOS DESTACADOS

LONGITUD	hasta 50 PIES (15 M)	VIVIERON hace unos 78 a 74 MILLONES DE AÑOS
PESO	hasta 32.000 LIBRAS (14.515 KG)	

CAPÍTULO 3

Gigantes DELICADOS

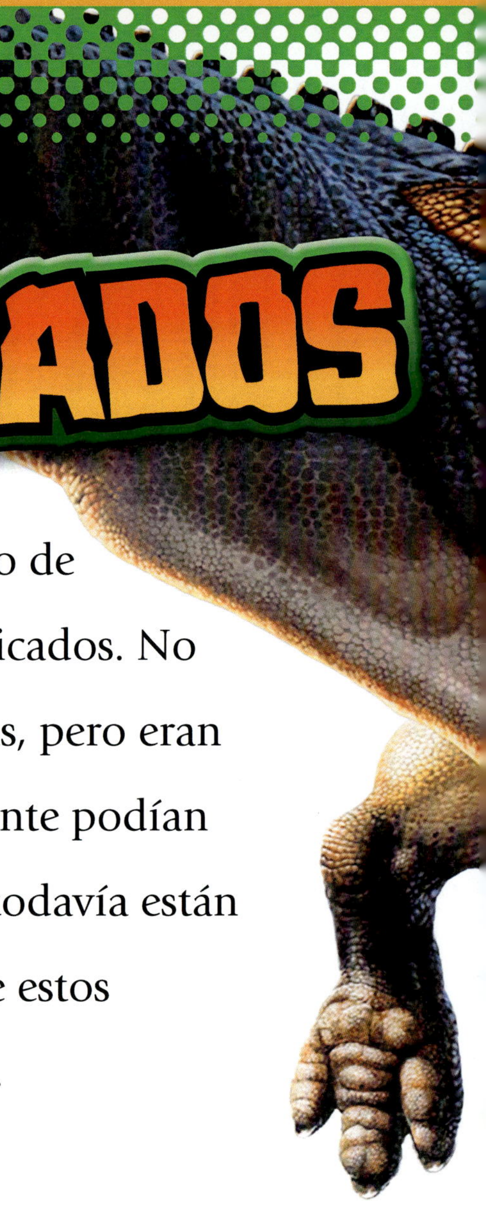

Los dinosaurios pico de pato eran gigantes delicados. No tenían blindaje ni púas, pero eran grandes y probablemente podían correr. Los científicos todavía están aprendiendo acerca de estos increíbles dinosaurios.

Las nuevas investigaciones demuestran que los dinosaurios pico de pato crecían más rápido que otros dinosaurios. Los dinosaurios pico de pato alcanzaban enormes tamaños. Crecer rápidamente debe haber ayudado a las crías de dinosaurio pico de pato a sobrevivir.

¡COMPÁRALOS!

Clasifica los dinosaurios de este libro. Luego ve a buscar información sobre otros dinosaurios pico de pato. ¿Cómo se comparan?

LONGITUD

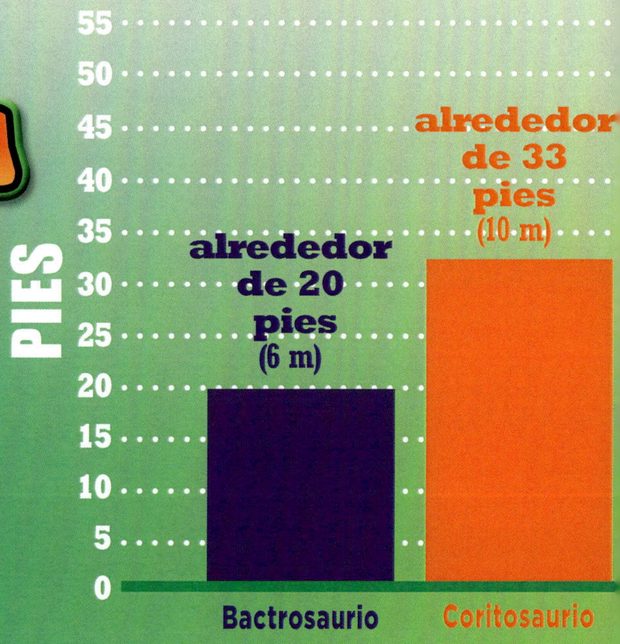

VIVIERON

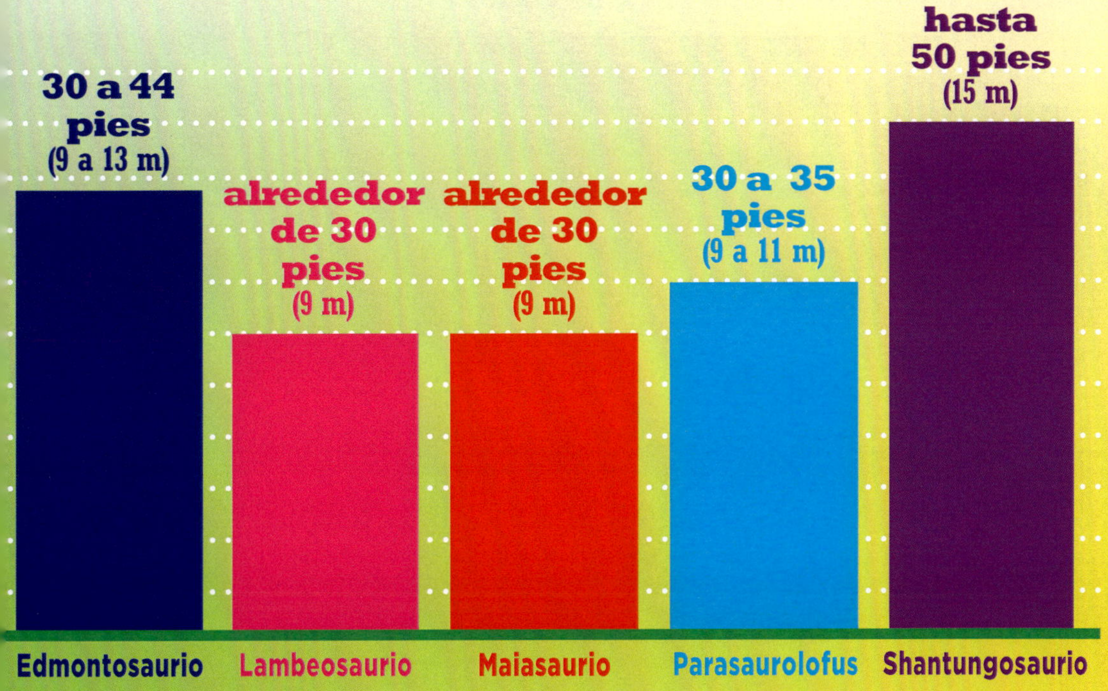
30 a 44 pies
(9 a 13 m)
alrededor de 30 pies
(9 m)
alrededor de 30 pies
(9 m)
30 a 35 pies
(9 a 11 m)
hasta 50 pies
(15 m)
Edmontosaurio
Lambeosaurio
Maiasaurio
Parasaurolofus
Shantungosaurio

PESO

Lambeosaurio
Coritosaurio
Shantungosaurio
alrededor de 10.000 libras
(4.536 kg)
hasta 10.000 libras
(4.536 kg)
hasta 32.000 libras
(14.515 kg)

Cretácico: período de tiempo que tuvo lugar hace aproximadamente entre 144 y 65 millones de años

depredador: animal que se come a otros animales

fósil: los restos o rastros de plantas y animales que se conservan en forma de roca

hacha pequeña: hacha de mango corto

manada: grupo de animales

migrar: trasladarse de un lugar a otro

sirena para niebla: cuerno que se hacía sonar en la niebla como advertencia

sobrevivir: permanecer vivo

ÍNDICE